法治大学建设

—— 依法治校实践白皮书 ——

（2013—2016）

江西科技师范大学 主编

光明日报出版社

图书在版编目（CIP）数据

法治大学建设：2013－2016 ／ 江西科技师范大学主编.
－－北京：光明日报出版社，2018.1
ISBN 978－7－5194－3917－0

Ⅰ.①法… Ⅱ.①江… Ⅲ.①高等学校—学校管理—经验—
南昌—2013－2016 Ⅳ.①G647

中国版本图书馆 CIP 数据核字（2018）第 016782 号

法治大学建设：2013—2016

FAZHI DAXUE JIANSHE：2013—2016

主　　编：江西科技师范大学

责任编辑：曹美娜　郭思齐　　　　　责任校对：赵鸣鸣
封面设计：中联学林　　　　　　　　责任印制：曹　净

出版发行：光明日报出版社
地　　址：北京市西城区永安路 106 号，100050
电　　话：010－67078251（咨询），63131930（邮购）
传　　真：010－67078227，67078255
网　　址：http：//book.gmw.cn
E－mail：caomeina@gmw.cn
法律顾问：北京德恒律师事务所龚柳方律师

印　　刷：三河市华东印刷有限公司
装　　订：三河市华东印刷有限公司
本书如有破损、缺页、装订错误，请与本社联系调换

开　　本：787×1092　1/16
字　　数：60 千字　　　　　　　　印　张：4
版　　次：2018 年 3 月第 1 版　　　印　次：2018 年 3 月第 1 次印刷
书　　号：ISBN 978－7－5194－3917－0
定　　价：48.00 元

前言

　　大学，是人类文明传播和发展的重要场所；法治，是政治文明发展进步的重要标志。依法治校是建设现代化大学的必然选择。

　　江西科技师范大学一贯坚持社会主义办学方向，贯彻党和国家的教育方针，坚持"依法治校、质量立校、特色兴校、人才强校"的办学理念，以"立德树人"为根本任务，履行人才培养、科学研究、社会服务、文化传承与创新等基本职能。

　　党的十八大以来，学校按照党中央"四个全面"的战略部署，加快推进依法治校步伐，着力加强现代大学治理体系和治理能力建设，完善内部治理结构，健全权力良性运行机制，坚持依法办事，强化民主监督，全面提高运用法治思维和法治方式办学治校的能力，为学校各项事业发展和校园和谐稳定提供了有力的保障。

目录
CONTENTS

一、顶层设计

（一）成立领导小组

为加强对依法治校工作的组织领导，学校党委专门发文《关于成立江西科技师范大学依法治校工作领导小组的通知》（赣科大党发〔2015〕6 号）。成立了以校党委书记、校长为组长，分管法制工作校领导为常务副组长，其

学校召开依法治校工作会议

他校领导为副组长，学校相关职能部门负责人为成员的推进依法治校工作领导小组，明确了领导小组的工作职责；领导小组下设办公室，负责依法治校的日常工作，办公室设在校法制办公室。

（二）做出全面部署

2015 年 3 月，学校党委充分认识到做好顶层设计工作对依法治校工作的重要性，做出了《中共江西科技师范大学委员会关于全面推进依法治校的决定》（赣科大党发〔2015〕4 号）(以下称《决定》)。《决定》确立了依法治校的指导思想、基本原则，明确了具体的目标任务、主要内容和保障措施。要求学校办学领域拓展到哪里，法治触角就延伸到哪里，坚持做到依法办学不留空白、不留盲区的工作思路。学校依法治校进入了"全面统筹、全面规划、

学校依法治校的三个重要文件出台

全面推行、全面深化"的阶段。

为使《决定》提出的各项任务落到实处，依法治校工作领导小组下达了《落实校党委〈关于全面推进依法治校的决定〉工作任务分解书》（赣科大党发〔2015〕10号），对全校各部门、各单位在依法治校的工作中承担的职责和任务以及完成任务的时间提出了具体要求，将法治建设与学校规划（计划）制定、学校改革发展同部署、同研究、同推进。学校各部门、各单位各司其职，各负其责，将落实依法治校的目标任务融入自身工作的各个方面、各个环节，形成了心中有法、行为依法的局面。

（三）修订议事规则

学校为了全面贯彻党的十八大以来各项方针政策和改革举措，提高依法决策、科学决策水平，进一步优化校党委会、校长办公会议事范围和程序，于2016年10月修订并颁布了《中共江西科技师范大学委员会议事规则》（赣科大党发〔2016〕19号）和《江西科技师范大学校长办公会议事规则》（赣科大发〔2016〕33号）。调整优化了党委会、校长办公会各自的议事范围及职责，注重了"两会"议事范围的有效衔接，突出了议事的民主性、程序性和科学性，强调了议事的规范性和操作性，构建了权威高效的议事体制。

二、机构队伍

（一）设立法制工作专门机构

随着涉法事务及经济纠纷的不断增多，面对大量有效法制需求无法满足的现状，学校领导审时度势，敢为人先，在总结多年实行法律顾问制度的基础上，率先在全省高校中成立正处级建制的法制工作专门机构——法制办公室（简称法制办）（赣科大发〔2012〕21号）。明确法制办履行以下职能：参与起草学校重要规范性文件、对各职能部门起草的管理制度进行合法性审查、对学校重要决策和重大项目的实施进行合法性审查和法律风险评估、对学校合同的签订提供法律指导服务并对合同履行进行法律监督、对涉及学校的各类突发事件和公共事件处置提供法律指导与服务、代表学校处理各类诉讼和仲裁案件、根据当事人需要为维护学校师生合法权益提供法律帮助、参与学校法治宣传教育等职能。法制办下设综合科和法务科两个科级机构，配备了4名政治思想素质过硬、法学理论素养较高、法律事务经验较为丰富的专职工作人员。

法制办全体工作人员召开例会

法制办这一专门工作机构的设立，是学校在新形势下建立依法治校工作体制的有益探索，具有重要的标志性意义。自此，学校的法治工作形成了"党委统一领导、党政共同推进、法制办指导督促、各部门全面落实"的新格局。

（二）组建法律顾问服务团队

党委书记李红勇向学校法律顾问颁发聘书

随着学校依法治校工作的全面推进，法制办工作范围不断拓展，法律服务事项迅速增加，学校于2015年6月组建了法律顾问组（赣科大办字〔2015〕13号）。从学校法学院聘任了5名专业功底扎实、实务经验丰富、具有律师执业资格的专任教师充实法律顾问队伍。同时建立了相应的工作制度，明确了法律顾问工作职责、工作方式和权限，学校在每年的经费预算中都安排法律顾问工作专项经费，使法律顾问工作在制度上和经费上得到了充分保障。

法律顾问组成立以来，积极参与合同草拟、审查和涉诉案件、突发事件危机处置等涉法工作，在避免法律风险、预防纠纷的发生、维护学校和师生权益等方面，发挥了卓有成效的作用。

学校法律顾问组成员

学校推行的法制工作专门机构——法制办公室+法律服务专业队伍——法律顾问组的"双专"队伍模式，为依法治校的职能化、常态化和专业化提供了组织保证和人才支撑。

三、宣传教育

（一）构建立体法宣格局

法制宣传教育工作是一项长期的战略任务，又是一个系统工程，需要常抓不懈。通过法治宣传教育在全校范围内形成学法、尊法、守法、用法的氛围，从而提高依法治校的自觉性和坚定性。

1. 加强普法领导。学校成立了由校领导任组长、宣传部部长任副组长的法制宣传教育领导小组，学校办公室、纪委、组织部、统战部、保卫处、学工处、工会、团委、教务处、法制办、财务处、法学院和马克思主义学院等相关职能部门、二级学院为成员单位，下设办公室，挂靠党委宣传部。同时各基层党委也成立了法制宣传教育（普法依法治理）工作领导小组，并配备了兼职法制宣传员和普法联络员,党委宣传部具体负责法制宣传教育工作。

2. 制定普法计划。按照上级有关要求，学校制定了相关法制宣传教育规划。"规划"明确了学校普法期间法制宣传教育工作的指导思想、工作目标和原则、主要任务、对象和学习内容、实施步骤、工作要求、组织领导和保障措施等。同时，每学期（年）都制定和下发了《法制宣传教育（普法依法治理）工作要点》，具体布置开展有关工作和活动。

3. 建设法宣队伍。在校法制宣传教育（普法依法治理）工作领导小组的协调下，学校整合法制宣传教育资源，在全校建立了四支法制宣传教育工作队伍。一是在各基层党委成立了法制宣传教育工作领导小组，由基层党委负责人和辅导员、班主任组成， 把法制宣传教育纳入基层党务和宣传思想政治日常工作之中。二是由校保卫处（校社会治安综合治理领导小组办公室）牵头，充分发挥校、院两级社会治安综合治理机构和队伍（如校卫队等）的功能与作用，使法制宣传教育工作与综治工作及创建安全文明校园等活动有机结合起来。三是依托学工处、团委所属的心理咨询室等机构和校学生社团，如思想政治调研会、大学生自律委员会、勤工助学服务中心和大学生膳食管理委员会等学生群众组织，全方位开展法制宣传教育工作。四是充分发挥我校哲学社会科学门类齐全的优势，在校党校、马克思主义学院、法学院、校中国特色社会主义理论研究中心、历史文化学院，组织了一支高学历、高水平从事思想政治理论课、法律课、德育专业课教学和科研的师资队伍，通过思想政治理论课教育教学、党校办班教学、形势政治课、法制讲座以及有关课题立项攻关等，将法制宣传教育的内容纳入学校教学、科研、德育和思想政治等工作之中，与第一、二课堂有机结合起来，培养了一支相对稳定的法制宣传教育骨干。

4. 构筑法宣阵地。为确保法制宣传教育始终在学校大众传媒中成为重要内容，主抓新闻中心的学校宣传部长期在校报、"春雨网"、校园之声广播电台、宣传栏等全校新闻宣传媒体中，开设了包括法制宣传教育的系列栏目和专题节目进行宣传教育。如开设"春雨访谈厅""法制天地""春雨视点""十

校长左和平、副校长朱爱莹视察法制宣传日活动

日谈""国防安全"等专栏，着重刊登了法制宣传教育的消息、报告、文章、评论等。尤其是运用新闻宣传媒体和阵地，与校综治办、学工处、保卫处和法学院等有关职能部门共同举办各种活动，起到了很好的宣传教育作用。

5. 打造法宣品牌。学校开展丰富多彩的活动，寓教于乐，提高学生的兴趣和积极性。如法学院法学社等学生社团每年举办如"学法、守法、维权——3·15"法制宣传和咨询活动、5月防灾减灾法制宣传周活动、"12·4"宪法日宣传教育活动、"我以守法为荣"法制教育活动、"法与生活"周四论坛、"法律你我他"知识竞赛和"法律你我他"辩论赛等在全校师生中开展形式多样的普法教育，浓厚"学法用法、保障权益"的法治氛围，营造良好的法制教育环境，使学生在潜移默化中感受法治精神，提高法律素质。此外，还组建了暑期"三下乡""四进社区"普法宣传服务团，通过宣讲、咨询、竞赛、文艺演出等形式进行普法和法制宣传教育活动，既教育了广大群众，又提高了自己的法律知识和实践能力。近年来这些活动已经走出本校校园，影响扩大到了周边的南昌大学、南昌航空大学等兄弟高校，形成了多校联合、共办共享的格局。

6. 巩固普法成效。全体师生法制观念增强，师生无犯罪行为，学校无重大事故发生。学校教学秩序良好，校风正、教风严、学风好，全体教师职工对自己的工作尽职尽责、积极进取、率先垂范，使学校年年有变化，使师生在学校改革发展中的幸福感显著提升，教学、科研成绩显著，社会影响力显著增大。截至2015年末，学校连续六年荣获全省综治工作（平安建设）先进集体；截至2016年末，学校连续七年荣获全省高校安全稳定工作先进单位；学校被江西省普法教育工作领导小组授予2011—2015年全省法治宣传教育先进集体。

学校连续六年荣获全省综治工作先进集体
连续七年荣获高校安全稳定工作先进单位

（二）深入开展法治教育

学校党委和行政部门长期以来将法制宣传教育工作纳入社会治安综合治理工作、安全文明校园创建活动和贯彻中共中央关于进一步加强和改进大学生思想政治工作之中全盘考虑，纳入年度工作计划，列入重要议事日程。

1. 领导干部带头参加法治教育。习近平总书记强调："要坚持把领导干部带头学法、模范守法作为全面依法治国的关键，推动领导干部学法经常化、制度化"。学校一直注重加强和创新校、院二级党委中心组学习制度和教职工政治理论学习制度，规定每学期各级中心组学习必须有普法依法的专题内容。例如组织了对《江西省建立健全教育、制度、监督并重的惩治和预防腐败体系实施意见》《中华人民共和国高等教育法》《中华人民共和国教师法》等与实际紧密相连的有关法律法规的专题系列学习，并结合学校的中心工作，多次广泛深入开展了"教育思想观念大讨论"等，保证领导干部率先垂范。同时适时举办普法依法系列讲座，例如邀请校内外著名专家开办了"宪政""行政法""校园主要刑事犯罪之认定""刑事诉讼""民事诉讼""教育法""高教法""劳动法""江西省学校学生人身伤害事故预防与处理条例解读"等专题讲座。

2. 教工在岗接受法治教育。学校将普法教育纳入教师岗位培训和继续教育的内容之中，教师均参加业务主管部门组织安排的有关教育法规的培训，对于新颁布和修订的法律法规，学校工会每年都组织教职工参加学法用法培训班，认真进行学习贯彻。每年定期组织教职工开展法律知识竞赛，普及法律常识教育活动。新进教职工都要在岗前培训时接受相关法律知识的教育培训。近十年来学校组织教职员工参加全省公民法律知识考试，参考率和及

学校聘请校外专家进行教职工普法教育讲座

格率均达 100％，优秀率达 97％以上。目前学校已完成了"六五"普法期间阶段性学习任务，进一步提高了全校教职工的法律素质。

教职工普法教育学习

3. 学生普遍接受法治教育。进一步加强和完善大学生法制宣传教育工作的体制、机制和内容，将普法教育贯穿于大学生整个学习、生活和管理过程之中。学校充分发挥《思想道德修养与法律基础》课在法制教育中的主渠道作用，将法制教育的内容贯穿于思想政治课的全过程，通过教学不断强化学生的法律意识。做到教学有大纲，学习有教材，授课有老师，课时有保证，做到"计划、教材、课程、师资、经费"的五落实，积极开展模拟法庭实践教学等活动。聘请法律界专家、律师、公检法人员搞法制讲座，把新生入学教育、节假日安全纪律教育、日常行为规范养成教育和毕业生教育等作为常规工作，使学生从入学开始就树立起遵守校规校纪，养成"自我管理、自我教育、自我服务"的自律意识，从而使学校普法依法治理工作从组织、内容到形式上有了强有力的保障。

4. 法治教育成绩显著。学校每年精心组织了领导干部普法考试和教职工的普法考试。根据省委组织部、省委宣传部和省司法厅的统一部署，学校都认真组织副处级以上的领导干部参加年度领导干部法律知识考试。另外，在省教育厅法制宣传教育领导小组统一安排下，学校每年都认真组织全校正式在编的教职员工参加年度重点普及法律知识考试，历年参考率都在 97％ 以上，考试成绩优秀率都在 93％ 以上，合格率均达 100％。考试极大地增强了全校教职员工法制观念，提高了依法办事的能力。

（三）汇编常用法律法规

为了让学校副处级以上领导干部在实际工作中养成"遇事依法、办事靠法、息事用法、讼争找法"的良好法治习惯，编制一本适合高等教育管理的法律工具书、案头书已成为必要。因此，学校党委通过抄告单形式责成学校法制部门编辑适合高等学校依法办学所遵循的常用法律法规，现已汇编成册。学校法制部门集中现有资源，精心组织策划，历时7个月最终将《高等学校常用法律法规汇编》于2014年1月付梓出版编印成册。该汇编收录了与高校行政管理工作密切相关的法律、行政法规、条例、规定、办法、意见等，共计181篇近90万字，内容涉及学校行政管理、教学、财务、资产、人事、学生管理、后勤保障等方面。2015年6月再次对该汇编进行了增补编撰，将新近出台的与高等教育相关的法律、法规、规章等

45部收录进来。两次的法律法规编撰工作为实施依法治校提供了法制依据，具有较强的系统性、针对性和实用性，因此也形成了学校编辑法律法规汇编之惯例。目前，该汇编现已发放到全校副处级以上领导干部手中。

（四）培养法律实务人才

为适应经济社会发展需要，学校早在1986年就开设了法律专业，至今已近30年，为江西经济社会建设输送法律人才5000余人，毕业生遍布全省每一个县区的司法机关和法律服务机构。作为高层次法治人才成长的摇篮，学校法学院紧紧围绕培养法学专业应用型人才的目标，立足学校职教师资特色与学院"双师型"师资优势，以服务社会经济发展之需，因时发展，秉承"基础厚、口径宽、理论优、实践强"的特点，加强与律师事务所等实务部门的合作，

积极探索"高校＋律师事务所联合培养"机制，创新人才培养模式。有针对性地为区域内司法机构、企事业单位重点培养具备扎实的法律知识功底、完善的人文知识背景和崇尚法律、恪守法律职业道德的复合型、应用型法律创新型人才。

自 2010 年起，法学院在法学专业开设企业法务方向、金融方向、贸易方向、律师方向等课程，培养符合社会需求的法律实务人员。其中 2011 年开设了企业法务班，培养了企业法务人员 300 余名。2016

正在与中银律师事务所洽谈建筑法务特色班，着重培养社会紧缺的建筑法务人员。在 2015 年糅合法学和社会工作专业，我校法学院与广州普爱社会工作服务社联合成立"普爱社工班"，订单式培养社工人员，2016 年与福建致和社会工作机构开展"司法社工"特色班的建设。

近三年来，法学院法学专业毕业生参加国家司法考试的通过率持续保持在 40％以上；在近三年的研究生考试中，法学专业毕业生每年有 20％的毕业生顺利考取国内著名高校法学院系；近三年，法学专业本科毕业生就业率达88.8％，高于全省平均水平约 3 个百分点。

四、章程制度

（一）制定大学章程

学校将章程建设作为完善现代大学制度、深化治理结构改革、全面推进依法治校工作的重要抓手，抽调高等教育管理研究和法律专业的骨干组成起草小组，深入开展调研，广泛听取教师、管理人员、离退休人员、学生及校友的意见和建议，将

章程制定过程作为梳理办学历史、凝练办学特色、固化改革成果、凝聚发展共识的过程，力求使大学章程既遵循普遍规范，又突出本校特色。2015年6月，《章程》经江西省高等学校章程核准委员会核准，学校随即发布实施。自此，《章程》成为明确办学宗旨和定位的"基本法"，建构内部治理体系的"组织法"，保护各类主体权益的"权利法"，规范办学治校行为的"程序法"，保障大学职能实现的"财产法"。《章程》的施行，使学校自主办学有"章"可循，促进了大学自我发展、自我约束良性机制的形成，为学校管理的民主化、科学化和规范化提供了最强有力的制度保障。

（二）健全民主管理制度

1. 制定民主管理制度。为激发教职工的积极性和创造性，有效增强教职

工民主参与、民主管理学校的主人翁精神，鼓励教职工为学校各项事业的发展建言献策。学校高度重视教职工依法参与学校民主管理，充分发挥教代会对学校的管理和监督作用。先后制定并完善了《教职工代表大会实施办法》及《二级教职工代表大会实施细则》制度。学校领导善于广泛听取群众关于学校事业改革、发展的重大事项、学校日常工作及涉及民生问题的意见和建议，对提出的合理化建议反复

讨论、审议、完善，统一思想后认真实施。近年来，我校教代会先后审议并通过了《江西科技师范大学章程（草案）》《绩效工资实施办法（草案）》《考勤管理办法（草案）》《校车运行改革方案（草案）》《公共租赁住房配租管理暂行办法（草案）》《教职工公费医疗管理办法（讨论稿）》。

2. 制定校务公开制度。为进一步落实民主管理和民主监督的要求，有利于促进学校民主政治建设，提高学校管理水平。学校制定了《校务公开实施办法》《校务公开指南》和《校务公开目录》等有关校务公开制度。通过公示栏、宣传橱窗、校园网等多种途径公开各类事项；学校每年坚持将教代会审议的学校工作报告、财务工作报告、工会工作报告、教职工代表提案（建议）办理情况的报告及学校重大改革方案进行公开公示，保证了教职工知情权、参与权、决策权和监督权的实现。

（三）健全师生维权制度

1. 健全学生权利救济制度。2007年，学校根据教育部2005年3月颁布的《普通高等学校学生管理规定》，建立了一批关于学生权益保护的规章制度，尤其涉及学生权利的《学生申诉处理委员会工作细则》的建立，彰显出学校对学生权益保护的重视。学生申诉处理机构相对独立，其人员由来自学校主管学生思想、教学等部门的三名教师代表和三名学生代表组成。受理、处理学生申诉程序规则符合正当性原则，必要时运用听证方式，保证处理程序的公开、公正。学生对学校做出的涉及本人权益的处理决定不服时，可向学校提出申诉。例如，取消入学资格的处理，退学的处理，违规、违纪的处分等，申委会代表学校及时进行调处，做出申诉结论或者调解意见。若对处理结果仍不满意，可向有关行政机关或者司法机关提交诉讼请求依法解决。目前，学校尚未发生一起学生申诉案件。

2. 建立健全教师权利救济制度。2015年学校制定并通过了《教师申诉评议暂行办法》（赣科大发〔2016〕33号），明确设立教师申诉评议委员会，建立教师申诉制度。申评委成员具有广泛的代表性和权威性，来自学校不同的单位或部门，人数确定21人以上单数，教师代表不少于30%。受理及处理程序规则符合正当性原则的要求，并允许教师聘请代理人参加申诉，必要时运用听证方式，保证处理程序的公开、公正。就教师因学校对其做出的行政决定或对其实施的管理行为侵犯其合法权益的，例如，职务评聘、年度考核、待遇及奖惩等，与学校及有关职能部门之间发生的纠纷等，申评委代表学校及时进行调处，做出申诉结论或者调解意见。若对处理结果不满意，可提请有关行政机关、仲裁机构或者司法机关依法解决。目前，学校未发生一起教师申诉案件。

（四）健全学生管理制度

1. 完善学生综合素质测评办法。为培养适应社会发展需要的合格人才，正确评价学生综合素质，实现学生教育管理工作的规范化、制度化和科学化，

根据《普通高等学校学生管理规定》等文件要求，结合新情况、新形势，学校于 2014 年 9 月重新修订了《学生综合素质测评办法》。明确了学生综合素质测评工作在各二级学院党委领导下，由学工办负责，以班为单位进行，各班成立由班主任担任组长，班长、团支书、学生代表 3-5 人组成综合测评小组，负责本班测评的具体工作。该办法的重新修订，进一步增强了学生管理工作的民主化、科学化，进一步调动了学生参与的积极性和广泛性。

2.完善学生奖励、资助办法。为了认真贯彻执行党的教育方针，鼓励学生勤奋学习、奋发有为，促进学生德、智、体、美全面发展，营造积极向上的学习氛围，尽可能帮助家庭经济困难的学生顺利完成学业，结合我校实际情况，学校于 2014 年 9 月分别重新修订了《学生奖学金评定办法》《"三好学生标兵""三好学生"及"优秀学生干部"评定办法》《优秀毕业生评选办法》；根据《教育部财政部关于认真做好高等学校家庭经济困难学生认定工作的指导意见》及《普通本科高校、高等职业学校国家励志奖学金管理暂行办法》等文件精神，重新修订了《家庭经济困难学生认定办法》《国家励志奖学金评定办法》《家庭经济困难学生资助实施办法》。上述一系列办法的重新修订形成了更加合理、科学、客观的学生学业评价体系及资助体系，使学生受到正向激励的覆盖面更加宽泛，使各二级学院学生管理工作的积极性得到进一步增强。

（五）健全学术管理制度

1.制定科研经费管理制度。为强化学校科研经费管理，提高资金使用效益，2014 年学校修订了《科研经费管理办法》（赣科大发〔2014〕19 号），该办法规定了采取"统一领导、分级管理、责任到人"的科研经费管理模式，明确了科研处、财务处、纪委办公室、监察审计室等部门和项目负责人的职责和权限。在科研经费管理、使用与监督方面各负其责，密切配合，相互协作，建立健全了科研经费协同管理与监督的工作机制。进一步完善了科研项目上账工作流程，每月收取一次项目负责人的经费预算，并到校财务处统一办理上账手续，保证教师的科研经费能够及时到位，如期完成科研项

目的预期任务。

2.制定学术管理制度。为了能更好地发扬学术民主，加强学术权力，规范学术管理，2016年学校修订了《学术委员会章程》（赣科大发〔2016〕27号），同时还专门设立了一个校学术委员会日常工作管理岗，制订了《学术委员会议事规则》《预防与处理学术不端行为实施细则》等文件，使学校各部门、各单位和各教师明确了需要提交校学术委员会进行审议的事项；需要提交校学术委员会进行评定的事项；需要提交校学术委员会提出咨询意见的事项；同时还规定了那些行为属于学术不端行为等。形成了倡导学术自由、遵守学术规范、鼓励学术创新的校园学术文化氛围，促进学校决策和管理水平的提高与教育事业的良性发展。

（六）健全人事管理制度

1.制定编制管理制度。为学校事业长远发展，合理配置人才资源，实施人才强校战略，进一步推进校院二级管理，落实有关政策、规定，根据学校的办学定位和发展目标，结合教学、科研、管理等工作以及学科建设的实际需要，兼顾各类人员结构现状，坚持科学设岗和宏观调控的原则，学校制定了《编制核定办法》和《2016—2019年编制核定细则》，科学设置各类岗位，合理确定岗位结构比例。明晰专任教师业绩要求，明确各党政、教辅岗位，教学科研单位行政岗位管理职责。上述制度的出台进一步强化和规范编制管理关系，规范人事管理工作。

2.制定岗位设置与聘任管理制度。为创新管理体制，转换用人机制，进一步推行全员聘用和绩效考核的人事管理制度，立足学校的定位和发展战略，以学科建设为主线，依据人才培养、科学研究、行政管理等工作的实际需要，结合上级职能部门岗位设置标准，学校制定了《2017—2019年岗位设置、聘任与考核工作实施方案》，该方案体现出各类岗位的结构比例进一步合理，人员结构进一步优化。优先向重点学科、重点岗位倾斜。该方案遵循了高校教师发展规律，充分尊重教师发展需要，在开展全员聘任的基础上，坚持分类评价，竞聘上岗原则，将教师分类评价和岗位设置与管理进行了有效衔接，

建立了以教师教学科研业绩为主、兼顾历史贡献的评价体制机制，实现了同一层次岗位中、高等级岗位的竞聘上岗，做到了人尽其才，择优选聘，提高了人力资源的有效配置。

3. 制定业绩考核及转岗分流制度。为推动教学改革，强化教学质量，坚持正确科研导向，促进科研转化，开展创新创业和社会服务，依据教育部《关于深化高校教师考核评价制度改革的指导意见》（教师〔2016〕7号）文件精神，学校制定了《2017至2019年聘期考核基本要求》和《教职工年度考核办法》。针对教师有关聘任、薪酬、奖惩等做出详细规定。上述制度的制定进一步明确了教师岗位职责、目标任务、考核要求，签订聘用合同等；同时注重了过程考核与结果考核相结合，教学业绩与科学业绩考核相结合，突出强化了教学研究与教学建设在业绩考核中的重要性；扩大了用人自主权，强化了用人单位在岗位设置与聘用工作中的主体地位；同时强化考核结果运用，督促校属各单位合理运用聘任考核结果，推动绩效考核工作有效开展，建立"能上能下"的人事动态聘用管理机制。

为充分发挥岗位设置与聘任的正面导向与激励作用，合理配置人力资源，不断优化队伍结构，结合学校实际情况，学校制定了《教职工转岗分流实施办法》，该办法体现了坚持编制、岗位、条件相统一，顺向流动。原则上禁止由缺编单位调入满编、超编单位；严格控制由非专业技术岗位或党政管理岗位调入专业技术岗位或教学科研岗位；引导不适宜教学科研工作的教学科研人员转到实验技术等教学科研辅助岗位工作。通过该办法的实施，建立健全了"优者胜、劣者汰"的岗位流动、分流与退出机制，不断改善人才队伍的结构，提升人才队伍的质量。

（七）健全财经管理制度

1. 制定财务管理制度。为了进一步规范学校财务行为，加强财务管理和监督，提高资金使用效益，促进学校事业健康发展，根据《高等学校财务制度》和《江西科技师范大学章程》，学校于2016年4月通过了《江西科技师范大学财务管理制度》（赣科大发〔2016〕10号）。明确学校财务管理的主要任务是：合理编制学校预算，有效控制预算执行，完整、准确编制学校决算，真实反映学校财务状况；依法多渠道筹集资金，努力节约支出；建立健全学校财务管理制度，加强经济核算，实施绩效评价，提高资金使用效益；加强资产管理，真实完整地反映资产使用状况，合理配置和有效利用资产，防止资产流失；加强对学校经济活动的财务控制和监督，防范财务风险。

2. 制定经费管理办法。2016年5月，学校为了加强经费使用的源头管理，针对以往经费开支立项工作中存在的审批标准不明确、审批程序不统一等问题，制定了《经费支出项目立项审批办法》（赣科大发〔2016〕14号）；针对经费报销审批程序不够规范、审批要求不够具体的问题，2016年5月学校制定了《经费支出审批规程》（赣科大发〔2016〕18号）。上述两个规范性文件出台，进一步规范学校资金的使用方式和审批规则，强化了经费管理的刚性约束，合理控制了经费支出，规范了财务行为，优化了审批程序，提高了办事效率，明确了经济责任，有效地推进了党风廉洁责任制在经济领域的落实。

（八）健全维稳管理制度

1. 制定危化品管理制度。为进一步加强学校危险化学物品的安全管理，保证教学、科研和实验顺利进行，保障师生生命、财产安全，保护校园环境，学校制定了《化学危险物品安全管理规定》（赣科大办字〔2014〕1号）。该规定对我校的化学危险物品进行了相关概念界定，明确了储存和使用化学危险物品应遵循的有关操作规范及要求，列举了使用化学危险物品的单位和个人应注意的事项。该制度的颁布实施进一步增强了制度的可操作性，有利于进一步提高我校化学危险物品的规范化管理，有利于促进我校安全生产管理科学化、规范化、标准化。

2. 制定消防安全管理制度。为了加强和规范学校的消防安全管理，预防和减少火灾危害的发生，保障师生员工生命、财产和学校财产安全，根据《中华人民共和国消防法》、教育部和公安部颁布的《高等学校消防安全管理规定》及《江西省消防条例》，结合我校实际情况，学校制定了《消防安全管理规定》（赣科大发〔2015〕18 号）。该规定明确了各级单位的消防责任人及消防安全职责,同时制定了消防安全责任分解落实方案;梳理了学校消防安全重点单位(部位）；明确了消防安全检查和整改的有关要求，同时对消防安全教育培训和灭火应急疏散演练提出了具体要求。该规定的出台在全校范围内构建起了"学校统一管理、保卫部(处)负责监管、二级单位全面负责、师生员工共同参与"的逐级消防安全防控工作网络格局。

（九）健全廉政风险防控制度

1. 制定内部审计制度。为发挥内部审计的效用，针对重大敏感的经济事务实施审计监督，关口前移，预防廉政风险的发生。结合学校改革发展的新形势、新情况和新任务，在广泛调研、征求意见的基础上，学校起草了《内部审计工作规定》《财务收支审计实施细则》《领导干部经济责任审计实施细则》《基建、修缮工程项目审计实施细则》及《物资设备采购审计实施细则》，拟定于 2017 年上半年制定颁布。学校制定一系列内部审计制度的目的是进一步规范学校内部管理，强化对重大经济活动的监管。重点加强对基建、修缮项目和物资设备采购的全过程审计监督，加强对财务收支和领导干部任期经济责任的审计监督，为营造学校风清气正的政治生态提供制度保证。

2. 制定公务接待和公务用车管理办法。根据《十八届中央政治局关于改进工作作风、密切联系群众的八项规定》和中办国办《贯彻落实〈十八届中央政治局关于改进工作作风、密切联系群众的八项规定〉实施细则》精神以及省高校工委、省教育厅相关文件要求，学校连续制定出台了《江西科技师范大学公务接待管理办法》（赣科大办字〔2014〕11 号）和《江西科技师范大学党委(校长)办公室公务用车管理办法》(赣科大办字〔2014〕12 号）。这两个制度就规范学校公务接待和公务用车做出管理规定，建立了长效运行机制。形成了改进工作作风、密切联系群众，促进勤俭节约、反对铺张浪费的良好风气。

五、治理机制

（一）创新重大事项决策机制

为增强学校依法决策、民主决策的能力，学校制定通过了《关于进一步规范党委会、校长办公会议题申报工作的通知》（赣科大办字〔2013〕9号）文件，明确了将涉及学校改革、发展、稳定的重大问题；涉及学校章程的修订；涉及学校规章制度的制定或修订；涉及学校重大建设项目立项、设计、施工等内容；涉及师生切身利益的重大事项；涉及师生奖惩、除名、辞退及解除劳动合同关系等；涉及师生财产安全、人身安全等事项；涉及学校对外合作交流、合作办学等事项；其他涉及需要征求法律意见的重大工作或涉及法律问题的重大事项等议题，需事前提交法制办审核，学校以规范性文件的形式确立了法制人员对决策事项进行事前法律审查的机制。截至目前，学校法制部门共列席党委会议30次，列席校长办公会议24次。进行涉法事项的议题审查50余件，法律风险评估7件，其中建议暂缓提交讨论议题5项。学校通过对重大事项决策流程的小改进，跨出了依法决策的一大步。

（二）建立规范性文件合法性审查机制

根据我校赣科大党办抄字〔2013〕14号及赣科大发〔2013〕10号《关于开展学校规章制度清理工作的通知》文件要求，学校启动了规范性文件清理工作。对出现不适应学校事业发展和管理需要的、与现行法律、法规、规章规定相抵触或文件调整对象已消失等情形的分别予以修订或废止；对其中的个别条款与现行法律、法规、规章等规定不一致的予以修改。法制办按照制定主体、权限是否合法；制定依据、程序是否合法；是否创设行政收费、行政处罚；是否增设师生义务；是否超越法律、法规限制师生权利等要求认真开展了清理制度工作，配合有关部门做好对全校规范性制度的清理和审查工作，为全校的制度建设提供了优质的法制保障，使我校制定的各类规范性文件得到全面、正确地实施，保证了法制统一，政令畅通。2016 年12 月底在总结近四年的规范性文件审查经验基础上进一步出台了《规范性文件管理办法》，使规范性文件审查工作制度化、规范化、常态化和法治化。截至目前，法制办对 93 项相关制度进行逐项梳理，提出制度建设"立、改、废"的意见，其中保留 55 项、修改完善 27 项、废止 11 项，并按要求做了分类登记。

（三）建立合同全程管理机制

1. 合同审查体制。为强化合同管理，避免和减少合同纠纷，学校于 2014 年 5 月制定了《合同管理办法》（赣科大发〔2014〕8 号），其中对合同的洽谈、起草、签订、审查、履行等各个重要环节进行了约束和规范。明确了合同所涉及的相关部门在合同管理流程中的角色地位和所应承担的法律责任。赋予了法制部门在合同管理流程中的审查监督职权。为进一步规范理顺合同管理相关方的关系，2016 年 5 月学校对《合同管理办法》（赣科大发〔2016〕19号）又重新进行了修订。同时，为有效防范合同风险，确保合同审查工作成效，法制部门编制了内部合同审查工作的具体流程表，确保涉及合同管理的各个部门职能清晰、责任明确。从此合同审查效率进一步提高，合同各方利益得到有效法律保障。

近 3 年来，经法制办和校法律顾问审查的合同共计 1175 份，日均审查合同约达 2 份。例如，校法律顾问参与谈判和审查的《合作办学协议书》，就学校与社会投资人合作建设独立学院——江西科技师范大学理工学院这一重大事项，从合法合规上进行审查，并结合实际情况细化条款，使该协议书更具可操作性，受到上级主管部门的肯定。

2. 合同履行督查机制。针对学校普遍存在"重签约审查、轻履约管理"的情形，2014 年 12 月中旬，法制办组织校法律顾问组成员、法学院部分专业教师，会同法制办专职干部对全校行政部门进行了一次合同履行情况的监督检查工作。通过此次督查，及时发现并纠正了学校相关行政部门合同管理中存在的法律隐患。为从制度上强化学校对合同履行的监督与管理，确保我校事业发展目的的实现，维护学校合法权益，充分发挥法制办法制监督的职能作用，2016 年学校对《合同管理办法》进行了新的修订，明确规定了法制办对合同的履行具有监督管理职责。由于程序规范、管理严格，学校至今未产生合同法律诉讼或较大的争议纠纷。

（四）创新招标工作管理机制

招标与采购办全体工作人员召开例会

1. 设立专门机构。为强化招投标管理工作，完善招投标管理机制和运作程序，学校除成立了招标采购工作领导小组之外，还于 2015 年设立了独立建制的招标与采购办公室，将全校工程类、货物类和服务类项目的招标采购工作，从相关的职能部门分离出来，统一由招标与采购办公室实施。从而在项目申报（使用）、项目招标和项目实施等重要环节形成了制度性的"隔离带"和"防腐墙"。

2. 制定管理办法。为强化招投标管理工作，理顺相关部门之间的工作职责和工作流程，完善招投标管理机制和运作程序，学校制定了《招标采购管理办法》（赣科大发〔2015〕14号）。《办法》明确了部门职责、招标采购范围、方式、程序与合同签订等重要事项。同时还针对招投标过程中多发易发的问题，规定了相应的防范和约束措施。

3. 优化工作流程。为提高招标采购效率，建立了招标采购管理信息平台，改变传统纸质申报形式，省时省力、规范高效，实现招标采购工作的电子化、网络化和信息化。

4. 工作会商机制。针对招投标过程中易出现纰漏以及法律方面的问题，招标采购办定期邀请纪检监察室、法制办参与集体会商对招投标文件的编制、资格审查、评标办法、授予合同等容易发生问题的重点环节审核把关，杜绝了违反市场规则、违规操作等不正当行为，防止了"敏感地带"的腐败发生，维护了学校良好的社会声誉，保证了学校招投标工作的"公平、公开、公正"。先后参与了学工处桶装水、教务处教材等招标文件编制审核工作；参与了基建处新校区相关建设项目招标文件编制审核工作；参与了学校图书馆的中外文数据库采购招投标工作，积极协助图书馆处理招投标过程中的涉法问题；参与了新校区的食堂招投标过程相关文件编制审核工作；为协助有关部门处理招投标过程中的法律纠纷提供法律帮助。

（五）完善校园安全稳定机制

1. 应急处置机制。为切实保障师生的人身权和财产权，落实对师生教育与管理的法定职责，维护学校秩序的稳定。学校积极构建安全风险管理体系，着力抓好校内纠纷解决机制、安全管理及突发事件应急处置机制，强调运用法律手段管理学校社会事务，依法妥善处理因安全事故引发的各种矛盾。

在面对安全事故及突发事件时，学校多数时候是作为责任主体出现。为此，学校就针对上述事故、事件制定了《突发公共事件应急预案》，建立了突发事件的应急处置机制。学校法制部门作为学校处置工作领导小组的重要成员，既要有法律思维，又要有全局思维，牢固确立了法律红线不能触碰、法律底线不能逾越的观念，做到严格依法办事，积极履行职责，在现行法律框架内，解决学校面临亟须解决的问题。

以法治逻辑取代维稳逻辑，坚决杜绝"按闹套利"现象，一改过去"谁闹谁有理，大闹大解决，小闹小解决"状况。自法制部门成立以来，已经妥善处理好11起涉及与学校有关的学生及他人伤亡事件，在参与学校工作组与死者家长和亲属的谈判过程中，由于法律顾问发挥了法律素养、谈判技巧和危机处理经验等方面的综合优势，从法律角度做好说服解释工作，积极提供相关法律咨询服务，调查了解事故责任，提出处理意见，合法终局性平息事件。

2. 合法维权机制。在学校日常办学过程中，经常会受到"莫名"诉讼的滋扰。深受古代"大凡市井小民，乡村百姓，本无好诉之心"传统影响，在我国各级行政机关事业单位普遍存在息讼、厌诉的现象，对自己的合法权益

采取较为消极的办法应对，没有认真对待自己的权利。"法律不保护权利上的睡眠者"。为了维护学校合法权益，学校法制部门忠实履行相关职责，积极主张正当行使自己的合法权利。向分管校领导汇报情况后，针对他方起诉我校的相关法律纠纷，和学校相关部门、单位协商、沟通信息，及时、认真收集相关案件的证据材料，写好相关法律文书，做好准备应诉、应裁的出庭工作。例如，在枫林校区老图书馆一楼拆除废旧铁质书架时，一农民工不幸被拆除铁架子砸断脚踝，该农民工分别以建筑物致人损害为由、人身损害赔偿为由两次向南昌经开区法院提起诉讼，要求学校全额赔偿。此案先后经过两次开庭，法制办派人积极做好应诉准备工作，促使法院合理划分责任主次，

通过努力，最终应诉维权成功，经法院审理查明后判决我校只承担 40% 的责任，对方承担 60% 的责任，最大限度维护了我校权益，赢得了学校各级领导和师生的赞誉。三年来，法制办作为学校的代理人出庭办理的一审案件 6 件，上诉案件 3 件。范围涉及租赁合同纠纷 1 件；建筑工程施工合同纠纷 1 件；人身损害赔偿纠纷 4 件；劳务纠纷 1 件；人事争议纠纷 1 件；建筑物致人损害纠纷 1 件。

六、工作实例

学校经过多年的改革实践，进行了一系列管理变革，优化了学校的管理体制机制，初步形成了"法治业务集成模式"，把学校分散的各项运行管理能力，以法治标准化和流程化的方式集成为一个个能力模块子系统，将学校自身塑造成了一个法治自洽性的开放式目标管理系统，取得了令人满意的工作效果。下述六个方面的典型事例可以进一步说明。

（一）合同审查实例

合同审查业务是一项高度专业性又极富责任心的基本工作及常规业务。学校科学设计合同审查工作流程，做到"层层把关、处处明责、环环监督"。现以学校资产管理部门货物采购合同为例阐释。

首先，提交审查。学校资产管理部门向学校法制部门送审的采购合同，其内容是经过本部门的经办人员和主要负责领导在合同送审表上签字确认的，表明送审部门对该采购合同所涉内容是知悉清楚的。如果该采购合同又涉及招投标项目的，那么还应由学校招标采购办公室在合同送审表上再签字确认。涉及相关使用部门的，使用部门的主要领导也应在合同送审表上对其所提供的技术参数进行签字确认。

其次，法律审查。法制部门自收到送审的采购合同文本及合同送审表应在2天内审核完毕，特殊情况的自详细了解相应的具体内容后5天内完成。若发现合同中存在风险和问题必须及时指出，结合本合同的事实情况并提出相应的法律意见或进行相应的修改，情况紧急时向分管校领导汇报并在合同送审表上签署意见。法制部门将审查修改好的采购合同交付与资产管理部门，由资产管理部门将修改好的合同递交给合同相对方签字盖章。

最后，签章生效。资产管理部门将合同相对方签字盖章后的采购合同及合同送审表一同呈送至分管校领导审阅。最终再由分管校领导在该采购合同上签字并加盖学校公章后合同生效。

主要体会：我们在设计合同审查程序时，主要把握两点：一是合同审查目的明确。即：一方面保证涉及合同签订、履行和管理等职能的相关部门做到"事情缘由有人问，提出意见有人听，发现问题有人管，造成损失有人担。"另一方面在确保内容合法、程序正当的前提下高效率、高质量地完成合同审查工作，实现交易目的。二是合同审查内容全面。学校法制部门一般从交易背景、实质内容、形式要件和规范体例等方面对合同进行综合审查，尽可能在合同签订环节，避免因参与主体的道德风险、专业盲区和经验缺陷对合同的履行和争议的解决埋下隐患。

（二）食堂经营权招标实例

高校食堂招投标一直是受社会舆论广泛关注，是易出现腐败的敏感地带。为此，学校高度重视食堂招投标工作，学校高层领导指示一切按法律程序办理。

首先，审批立项。学校后勤部门将食堂招标项目申请经过学校党委会或校长办公会讨论审定是否可以立项。

其次，文件制审。后勤部门将已经通过立项的食堂项目相关文件及所需的具体要求材料递交招标与采购办公室进行招标。招标与采购办公室召集学校相关职能部门法制办、监察审计室等会同后勤部门及招标代理机构集体商讨编制食堂招标文件。把拟定的食堂招标文件提请学校招标采购工作领导小组会议审议。

再次，公开招标。招标与采购办公室代表学校将会议审定后的食堂招标文件交付招标代理机构，由其负责开展进行相关具体的招投标行为，并指示要求其对招标活动过程全记录，以自证其清白。同时在限定时间内在校园网公布食堂招标公告。到此为止，学校内的一系列相关招标行为已经完成。下一步，就是招标代理机构代售招标文件，随机抽取专家组成评标委员会开展评标，根据评标结果代发中标通知书。

最后，签订合同。学校与中标单位按照招标文件确定的有关事项协商合同条款，并按学校《合同管理办法》有关规定签订食堂承包合同。

到此，2016年7月学校食堂招标活动彻底完成。今年无任何投诉、信访现象的发生，赢得了社会赞誉，获得了领导好评。一改往年不断进行电话、信件"骚扰"学校领导的局面。

主要体会：该轮食堂招标项目顺利完成，有赖于以下三个方面的保障：一是程序合法合规。学校严格按照我国的《招投标法》和学校《招标采购管理办法》中所规定的程序，规范履行食堂招投标行为。无违反"三公"原则的行为发生，例如：招标文件公告、售卖招标文件、专家组成评标会、中标公告等行为都是按照相关程序运行。二是内容合法合理。编制招标文件的内容符合我国《招投标法》及《政府采购法》要求。招标文件的编制是一项较为复杂的工作，文件涉及的内容较为庞杂，往往编制完成一本招标文件仅页面数达50多页左右，尽管如此，编制的相关内容仍要符合法律的规定。否则，因为内容违法会导致招标项目流产甚至取消。三是工作合作合力。学校管理系统业务集成模式发挥积极作用。学校分散的各项职能部门围绕本项目通过各自的业务模式以标准化和流程化的方式集成运行。将各职能部门的管理能力调动起来，充分发挥各自的职能优势、专业优势为项目的顺利完成起到了不可替代的作用。而招标代理机构与学校相关部门的工作互动以协议化方式确定，委托方与代理方权责清晰。

（三）诉讼案件代理实例

2014年12月21日，在学校外包食堂——江西省中星餐饮有限公司工作的原告杜某某、韩某私自携带三岁儿子来学校食堂上班，期间竟然允许其儿子与其他两个大孩子一起前往学生宿舍送外卖，这三个小孩送完外卖后跑到学校运动场玩耍，其中杜某某、韩某的儿子拾到一个粘有灰土的气球，并穿越运动场的铁丝网围栏的破洞、走过园林草木覆盖的20米长的缓坡来到河边堤岸上清洗气球时不慎坠入环校河中溺亡。

为此，原告杜某某、韩某以人身损害赔偿为由向法院提起诉讼。受学校委托，法律顾问在诉前认真收集案件相关的证据材料，做好准备应诉工作，查明了两个关键法律事实：一是原告杜某某、韩某在学校外包食堂（江西省中星餐饮有限公司承包）工作期间私自携带三岁儿子来校上班，允许其儿子与其他两个大孩子一起前往学生宿舍送外卖，之后到河边玩耍才导致溺亡事件发生。二是江西省中星餐饮有限公司内部规章制度中明确规定严禁私自携带小孩上班。法律顾问在法庭上向法官陈述了原告监护职责缺失及食堂承包商江西省中星餐饮有限公司管理失职的主张，2015 年 3 月经庭审完毕，一审法院判决原告杜某某、韩某承担 60% 的责任，我校承担 35% 赔偿责任，两个大孩子的法定监护人承担 5% 的责任。经我校向南昌中院提起上诉后，二审法院采纳我校法律顾问主张，判决原告杜某某、韩某承担 80% 的责任，两个大孩子的法定监护人及江西省中星餐饮有限公司各自承担 10% 的责任，我校不承担任何法律责任。学校自觉运用法律武器，积极向法院应诉主张权利，有效地维护了我校的合法权益，捍卫了我校的尊严。

（四）突发应急事件处置实例

2014 年 2 月，我校通电学院一名大一女生朱某与其男友在本学期提前返校住在校外某宾馆，因下楼梯时不慎摔倒导致颅腔出血，经送医院抢救 30 多天仍昏迷不醒，最后家长放弃治疗，朱某最终不幸身故。

为妥善处理好朱某伤亡的突发应急事件的善后工作，进一步维护学校稳定，学校根据预案在第一时间成立了突发应急事件处置工作领导小组（简称"工作小组"）。作为工作小组成员，学校法制部门派法律顾问全程参与学校工作小组与朱某家长和亲属的谈判工作，一方面要做好家长和亲属们的心理疏导抚慰工作，一方面又要积极提供相关法律咨询服务，依法、依理、依情地耐心做好学生家长和亲属的说服工作，同时从法律角度调查了解事故责任，提出处理意见，协助起草协议。在谈判期间，法律顾问顶住学生家长及亲属们的哭诉、吵闹和聚众围观的压力，耗时半个多月直至学生家长较满意的在协议书上签字。通过法律顾问参与突发应急事件的处置工作，有效参与社会

矛盾的化解，妥善处理社会矛盾，切实维护了学校稳定，保护了学校和学生的利益。

（五）法律意见书出具实例

学校法律顾问们在处理学校法律诉讼、危机事件处置过程中，还发挥自己法律专业上的优势，对学校各部门、单位工作中存在的法律漏洞、问题及时发现、及时指正，并同时向分管校领导和法制部门负责人汇报，必要时以法律顾问的身份向相关部门、单位发出法律意见书。比如针对杜某某、韩某诉我校人身损害赔偿一案，尽管法律顾问通过认真缜密的说理辩论获得法院对学校不承担法律责任的判决结果，但通过该案的办理，法律顾问发现有关部门、单位在管理上仍然存在需要改正的地方，在得到校党委支持下，及时向后勤管理部门发出法律意见书，指出学校法律顾问在涉及外包单位所雇或

所聘人员在校内从事经营活动中的管理工作中的法律风险隐患，依据相关法律，提出法律建议以及解决此类问题的方案，建议该部门按照法律意见书的要求进行整改，旨在填补管理漏洞，防止管理不慎所致的相关风险的发生。该部门采纳了法律顾问的意见，积极采取相应堵漏措施，提高了防范风险的能力，取得了良好的社会效果。

学校法律顾问们具有"医生"般的慧眼，透过纷乱复杂的法律事实，通过法律洞见、预见，经过敏锐的专业嗅觉及时捕捉到可能出现的各类"病灶"——法律风险，最终向顾问单位输出信息——法律意见书。目前，学校法律顾问向学校有关管理部门发出了一份法律意见书。

（六）法律风险警示实例

　　学校作为事业单位法人，为了实现其教育职能，必须参与相关的经济活动，因此也就不可避免地会遇到各种各样的风险，直至与其他社会主体之间产生利益纠葛。在办学过程中，我校也不例外。由于主客观原因都曾出现过与企业或个人之间的利益冲突和经济纠纷，为了汲取工作中的经验教训，避免发生重复性的事件，学校要求法制部门以学校以前发生的各类事故、案件为靶向，以厘清相关的法律事实、梳理有关的法律关系、指出相应的法律风险、提出警示性法律意见和建议为内容，编发《法律风险警讯》。编发《法律风险警讯》的目的就是为了通过对涉事部门和其他有关部门、单位进行相关的警示督导，进一步防止其他部门再犯相似或类似的错误，起到了"警世"效果，增强了"醒世"功能。

　　目前，学校已经编辑出版三期《法律风险警讯》，内容主要涉及管理部门履职尽职情况、二级学院实习生管理情况、学校教职工对外出具相关证明情况等。通过与学校涉诉的三个不同的案件进行相关案情介绍、法律分析、法律点评和风险警示，将学校管理过程中的法律风险充分暴露出来，通过法律人的火眼金睛识别潜在的风险，最后有针对性地提出可控制风险的相关措施。

七、成效经验

（一）主要成效

1. 学校坚持依法办学、依法管理、依法治学共同推进，通过不断的研究、探索和实践，学校领导班子运用法治思维和法治方式处理问题、解决问题的能力明显增强，学校管理干部依法办事的意识和自觉性明显增强，学校师生依法维权的意识和能力明显增强。全校上下形成了"制度管权、制度管事、制度管人"的新局面。

2. 学校将依法治校示范校建设和和谐平安校园建设紧密结合，以法治精神为引领，以法律普及为基础，以法律调处为手段，及时化解各类矛盾纠纷，将不稳定因素消灭在萌芽状态，近年来学校没有发生暴力犯罪行为；学校教师、学生没有严重违纪和刑事犯罪行为；没有邪教和封建迷信活动；没有发生由学校负主要责任的学生意外伤害事故，维护了正常的办学秩序，保护了师生员工的人身权利和财产权利。

3. 学校始终把依法治校作为营造良好育人环境的重要保证，通过规范办学行为，消除各种不利于学生健康成长成才的现象。目前，学校教学秩序良好，校风正、教风严、学风好，全体教师职工遵章守纪，恪尽职守，潜心教书育人，学生的安全感和幸福感显著增强，学校的社会声誉明显提高。截止2015年末，学校连续六年荣获全省综治工作（平安建设）先进集体。

（二）工作成果

1. 先进单位代表发言。2015年4月，学校作为依法治教、依法治校工作先进典型单位在全省推进依法治教工作会议上作典型交流发言。表明学校在依法治校方面一系列的改革理念、思路、路径及相关举措和取得的经验成

果得到了上级主管部门的肯定。作为为数不多的先进单位之一在大会上作典型发言，主要详细介绍了我校在如何构建依法治校体系、如何提升依法治校

能力、如何落实依法治校制度、如何深入推进依法治校和如何提升法治服务社会等方面值得令人称道的做法和措施，赢得与会代表一致共鸣。会后，省内兄弟院校纷纷到我校访问交流学习我校依法治校相关经验及做法。

校长左和平在全省依法治校工作会议上作典型交流发言

2. 评为依法治校示范学校。2016 年 4 月，学校被江西省教育厅、省普法办评为全省第二批依法治校示范校。根据 2015 年 4 月省教育厅召开的全省依法治教工作会议的主旨和任务，学校召开了依法治校工作全校动员大会，根据省教育厅、省普法教育工作领导小组办公室《关于依法治校示范校创建申报工作的有关要求》及《江西省依法治校示范校创建评估主要标准》，部署各项具体创建工作，将各项创建评估指标任务层层分解落实到学校具体单

位部门，坚持以评促建、以评促改，将创建工作与办学治校实践紧密结合，系统梳理漏洞、全面清理不足、归纳整理问题，及时认真整改，经过全校师生辛勤努力工作，

法治江西督察组莅临我校考察依法治校情况

从材料收集、甄别、对照、挑选，再到信息反馈，再次补充材料收集完善，最后形成 28 册依法治校的规范性完备材料。通过创建工作，我校依法治校体系进一步完善，依法治校能力进一步提升、师生法治意识进一步增强，法治水平明显提高，法治成效日益显现。

（三）基本经验

1. 坚持党委领导是依法治校的关键点。法治中国建设是中国共产党领导全国人民为之奋斗的一项伟大事业，坚持走中国特色社会主义法治道路是实现中国梦的必然选择。依法治校必须坚持党委统一领导，党政共同推进，才能确保办学方向不偏离，才能有效保障广大师生员工的根本利益。

2. 树立师生法治观念是依法治校的基本点。法治中国建设是一项人人参与、惠及人人的光荣使命。加强法治教育，提高师生员工的法律意识，让依法治校的法治精神成为每个人的信仰，让师生员工认识到国家法律法规和学校规章制度既是维护自身合法权益的法律武器，也是师生员工必须遵守的行为规范。突出师生员工主体地位不能抽象化，要具体体现和落实到人才培养、科学研究、师资队伍、社会服务、国际合作等各方面规章制度中，建设科学有效的能激发师生员工潜能的制度体系。

3. 完善大学治理体系是依法治校的着力点。法治中国建设是一项连接上下、贯通左右的系统工程。依法治校必须制定一套切合实际并易于操作的大学章程，建立以章程为总纲，办学领域全覆盖、办学行为全规范的管理制度体系，打造一个运转顺畅、协调高效的治理机制。设立法治工作专门机构，配备一支法律专业人员队伍作保障，明确职能分工、明确具体工作内容和职责，这样依法治校工作才能得到落实。

4. 坚持依法办事是依法治校的落脚点。法治中国建设是一个踏踏实实、点点滴滴的实践过程。依法治校不是空洞的口号，也不是虚幻的图景，必须落实到学校办学治校的具体行为中，体现在师生员工的教学科研活动里。根据学校的办学特色，主动构建符合高等教育发展规律、适应学校发展目标、激发建设活力的制度体系，从而使上至学校领导下至普通员工都遵章执行做到依法办事，从教师到学生都有据可行做到诚信治学。同时要避免章程、制度是一套、行动却是又一套的现象。

结 束 语

  2013—2016 年，伴随着学校大力推进建设特色鲜明教学研究型大学战略目标的实施，依法治校、依法办学的脚步没有停歇。四年来，我们在殚精竭虑中绘制了依法治校的宏伟蓝图，我们在风雨兼程中探索了依法治校的成功路径，我们在激情燃烧中收获了依法治校的丰硕成果。但同时我们也清醒地认识到，在深化教育领域综合改革的背景下，如何促进学校治理体系和治理能力现代化，如何解决学校改革发展中面临的现实矛盾和突出问题，如何有效应对学校法治工作中出现的新情况、新问题，是我们今后工作面临的重大课题和紧迫任务。今后一个时期，随着学校的依法治校工作不断深入，依法行政进入了"精准管理"时代，"依法治校的工具箱"里面的方法会越来越多。我们应当群策群力，大胆创新，紧密结合学校总体工作部署，全面深入贯彻党的十九大精神，认真学习深刻领会习近平新时代中国特色社会主义思想，科学施策，精准发力，注重"针对性""个性化"和"有效性"，积极推动大学治理转型，积极构建现代大学治理体系，围绕学校改革发展稳定大局，扎实推进法治校园建设，努力提高我校法治工作水平，真正落实依法治校的内涵精髓，增强现代大学治理能力。在全校范围内积极营造尊重法律、崇尚法治、依法办事、诚信守法的良好氛围，更好地服务于学校各项事业全面发展。

附录一

2013 至 2016 年制定的主要制度文件目录

发文时间	文号	制度文件
2015.6	江西省高等学校章程核准书第 21 号	《江西科技师范大学章程》
2013.4.2	赣科大发〔2013〕6 号	关于印发《江西科技师范大学高层次人才引进办法（修订）》的通知
2013.4.2	赣科大办字〔2013〕11 号	关于印发《江西科技师范大学党委（校长）办公室公务用车管理办法》的通知
2013.5.28	赣科大研字〔2013〕6 号	关于印发《江西科技师范大学研究生创新专项资金项目暂行管理办法》的通知
2013.7.1	赣科大发〔2013〕19 号	关于印发《江西科技师范大学学位论文作假行为处理办法实施细则》的通知
2013.9.10	赣科大党发〔2013〕25 号	关于印发《江西科技师范大学党务政务督导工作暂行办法（试行）》的通知
2013.10.12	赣科大发〔2013〕27 号	江西科技师范大学退休高级专业技术人员返聘管理办法（试行）
2014.1.9	赣科大发〔2014〕1 号	关于印发《江西科技师范大学经费审签办法》的通知
2014.1.10	赣科大外字〔2014〕1 号	关于印发《江西科技师范大学教师出国（境）参加国际学术会议管理办法（试行）》的通知
2014.2.25	赣科大科字〔2014〕5 号	江西科技师范大学重点培育实验室（研究基地）管理暂行办法
2014.2.25	赣科大科字〔2014〕6 号	江西科技师范大学校级科学研究项目管理办法
2014.2.25	赣科大科字〔2014〕7 号	江西科技师范大学科研创新团队建设管理办法（修订）
2014.3.6	赣科大教字〔2014〕3 号	江西科技师范大学教学工作先进单位和教学管理先进个人评选表彰办法（试行）

2014.3.6	赣科大教字〔2014〕4号	江西科技师范大学教学名师奖评选表彰办法（试行）
2014.3.6	赣科大教字〔2014〕5号	江西科技师范大学教学优秀奖评选奖励办法（试行）
2014.3.6	赣科大教字〔2014〕6号	江西科技师范大学青年教师教学竞赛奖和青年教师教学能力奖奖励办法（试行）
2014.3.6	赣科大教字〔2014〕7号	江西科技师范大学优秀教学成果奖励办法（试行）
2014.3.6	赣科大教字〔2014〕9号	江西科技师范大学派出校际本科交换学生管理办法（试行）
2014.3.6	赣科大教字〔2014〕10号	江西科技师范大学教学建设贡献奖奖励办法（试行）
2014.3.26	赣科大教字〔2014〕21号	江西科技师范大学本专科学生成绩管理细则
2014.3.28	赣科大党发〔2014〕8号	关于印发《江西科技师范大学贯彻落实"三重一大"事项集体决策制度的实施办法（试行）》的通知
2014.4.8	赣科大发〔2014〕3号	关于印发《江西科技师范大学教学督导室管理办法》的通知
2014.4.28	赣科大发〔2014〕5号	江西科技师范大学财政收支审计实施办法（修订稿）
2014.4.30	赣科大发〔2014〕8号	关于印发《江西科技师范大学合同管理办法》的通知
2014.5.14	赣科大发〔2014〕10号	关于印发《江西科技师范大学档案管理办法》的通知
2014.5.28	赣科大发〔2014〕11号	关于印发《江西科技师范大学差旅费管理办法》的通知
2014.6.27	赣科大发〔2014〕18号	江西科技师范大学推进科技成果转化暂行办法
2014.7.3	赣科大发〔2014〕19号	江西科技师范大学科研经费管理办法
2014.7.8	赣科大发〔2014〕20号	江西科技师范大学科研成果奖励办法（修订）
2014.9.10	赣科大办字〔2014〕11号	江西科技师范大学公务接待管理办法
2014.9.11	赣科大党发〔2014〕20号	江西科技师范大学教职工代表大会实施办法
2014.9.30	赣科大发〔2014〕21号	江西科技师范大学二级学院教学督导组工作实施办法（修订）
2014.10.9	赣科大办字〔2014〕12号	江西科技师范大学党委（校长）办公室公务用车管理办法
2014.11.10	赣科大学字〔2014〕75号	江西科技师范大学家庭经济困难学生资助实施办法

2014.11.10	赣科大研字〔2014〕12 号	江西科技师范大学研究生校外住宿管理暂行规定
2014.11.10	赣科大研字〔2014〕14 号	江西科技师范大学研究生参与助教、助研、助管工作管理办法
2014.11.10	赣科大研字〔2014〕22 号	江西科技师范大学研究生综合素质测评办法
2015.1.5	赣科大发〔2015〕1 号	江西科技师范大学校长办公会议事规则
2015.6.10	赣科大发〔2015〕8 号	江西科技师范大学教职工考勤管理办法
2015.6.10	赣科大发〔2015〕9 号	江西科技师范大学绩效工资实施办法
2015.6.19	赣科大发〔2015〕14 号	关于印发《江西科技师范大学招标采购管理暂行办法》的通知
2015.7.3	赣科大发〔2015〕18 号	江西科技师范大学消防安全管理规定
2015.9.7	赣科大发〔2015〕20 号	江西科技师范大学教师进入博士后流动站从事科学研究管理办法
2015.9.11	赣科大发〔2015〕24 号	关于印发《江西科技师范大学经费开支项目立项审批办法》的通知
2015.9.24	赣科大发〔2015〕28 号	江西科技师范大学教师申诉评议暂行办法
2015.10.16	赣科大研字〔2015〕12 号	江西科技师范大学硕士研究生指导教师管理办法（试行）
2016.3.14	赣科大发〔2016〕3 号	江西科技师范大学高层次人才引进办法（修订）
2016.5.16	赣科大发〔2016〕14 号	关于印发《江西科技师范大学经费开支项目立项审批办法（修订）》的通知
2016.5.23	赣科大发〔2016〕15 号	江西科技师范大学高级专业技术人员延聘、返聘管理办法
2016.5.25	赣科大发〔2016〕19 号	江西科技师范大学合同管理办法（修订）
2016.6.16	赣科大研字〔2016〕2 号	江西科技师范大学学位评定委员会章程
2016.7.12	赣科大发〔2016〕27 号	江西科技师范大学学术委员会章程（修订）
2016.10.14	赣科大发〔2016〕33 号	关于印发《江西科技师范大学校长办公会议事规则（修订）》的通知
2016.10.14	赣科大发〔2016〕34 号	关于印发《江西科技师范大学经费支出项目立项审批办法（修订）》的通知
2016.10.14	赣科大党发〔2016〕19 号	关于印发《中共江西科技师范大学委员会议事规则（修订）》的通知

附录二

部分单位（部门）相关工作流程图

1. 合同（协议）送审表

送审部门		合同名称			合同草拟人	
合同是否自拟	是□	合同是否请示分管校领导	是□	需递交校党委会或校长办公会讨论的合同	校党委会是否通过	是□ 否□
	否□		是□		校长办公会是否通过	是□ 否□
对方营业执照	有□ 无□	组织机构代码	有□ 无□	资质证书	有□　无□	
合同是否经过招投标	是□	合同主要条款是否与招投标文件一致	是□ 否□	招标文件是否含合同模块	招标与采购办意见	
				是□ 否□		
	否□	招标文件合同模块是否采用	是□ 否□	招投标文件是否递交		
				是□ 否□		

合同（协议）主要条款内容描述：
1. 标的：　　　　　　　　　2. 数量：
3. 质量：　　　　　　　　　4. 价款或报酬：
5. 履行期限、地点和方式：
6. 违约责任：
7. 解决争议的方法：
8. 其他需要描述的内容：

（对方提供的合同除需描述上述内容外，必须在第9点中注明本部门修改意见）
9. 对对方提供的合同修改意见：

　　　　　　　　　　　　　　　　　　　　　　　　　　填写人（签字）：

对上表中合同内容描述的真实性以及合同条款是否全面反映了双方协商谈判的内容出具意见（货物采购由归口部门与使用单位共同签字）	归口部门负责人（签字）：部门公章		使用单位负责人（签字）：部门公章	
合同形式审查（包括对上述材料、表格内容的接受与核对）	法制办受理人：　年 月 日	合同审查人安排意见		综合科科长
合同审查意见（仅对合同合法性出具审查意见）	合同审查人：　　　　　　　　　　　年 月 日			
归口部门校分管领导意见	校分管领导：	校长意见（仅对合同管理办法第27条第2款所列合同）		校长：
备注	1.送审合同原则上应部门自拟；　　2.本表填写人应为合同草拟人；			

2. 合同管理流程图

```
              ┌──────────────┐
              │ 1.归口部门    │
              │ 2.经授权部    │
              │  门或单位     │
              └──────┬───────┘
                     │
              ┌──────┴───────┐
              │  合同草拟     │
              │  与会商       │
              └──────┬───────┘
                     │
              ┌──────┴───────┐
              │  合同审查     │
              │  与签订       │
              └──────┬───────┘
                     │
              ┌──────┴───────┐
              │  合同履行     │
              │  与监督       │
              └──────┬───────┘
                     │
              ┌──────┴───────┐
              │  合同归档     │
              │  和管理       │
              └──────┬───────┘
                     │
              ┌──────┴───────┐
              │  合同管理责任 │
              └──────────────┘
```

合同草拟与会商（左侧）：

1. 内容涉及"三重一大"的，经有关学校会议议决后。

2. 事项涉及多部门的，由主要归口部门牵头与其他所涉部或单位共同协商。

3. 采取招标投标方式确定的，归口部门应结合招投标文件进行合同草拟。

合同草拟与会商（右侧）：

1. 合同草拟完后，由签约代表在用印单上签署意见，一并将所拟合同及合同相对方的资质证明交法制办审查。

2. 必要时法制办可以要求归口部门对签订合同的目的、洽谈及相关背景材料、合同条款的意义等事项释明。

3. 合同审查通过后法制办签字并盖章，由归口部门提交校领导审阅签字。若校领导提出修改意见，相关部门应会同法制办认真研究并执行。

合同审查与签订（左侧）：

1. 校领导审查同意，且不需要提交相关会议审定的合同，报校长办公室加盖学校印章。若需要提交相关会议审定的合同，由相应会议审定。

2. 校长签字的合同：经校党委会或校长办公会审定的；标的额30万元以上的；涉及师生人身权益保护或师生重大利益的；重要知识产权保护的；学校稳定的合同；涉外的各类合同；其他涉及学校重要利益需要法定代表人签字。

合同履行与监督（右侧）：

1. 归口单位的主要行政负责人是合同履行的主要责任人，归口单位具体负责合同事项的工作人员是合同履行的直接责任人。合同事项所涉的其他相关部门的主要行政负责人是合同履行的相关责任人。

2. 对合同履行过程中出现或可能出现的法律风险、纠纷应及时妥善处理。对应当留存书面材料或其他证据资料的，应加以收集并保存。

3. 涉及重大或复杂事项的，应及时向法制办和分管本部门的校领导报告，并采取必要措施加以处置。

合同归档和管理（左侧）：

1. 合同履行完毕，归口部门应妥善保管合同材料并建档备查。

2. 法制办定期检查合同及相关材料的建档及合同履行相关情况。

3. 对合同建档和合同履行中存在的法律问题，法制办应及时提出相应的意见和建议，相关部门应加以研究并贯彻执行，以防范可能出现的法律风险。

4. 法制办对审查的合同及资格证明复印件建档备查。

合同管理责任（底部）：

1. 未经有效授权或超越授权范围签订合同给学校造成经济损失或不良影响的，学校依据有关规定追究有关行为人的行政责任和经济责任；对涉嫌犯罪的移送司法机关处理。

2. 在合同的审查、履行中失职渎职或恶意串通、以权谋私，损害学校利益的，学校依据有关规定追究有关行为人的行政责任和经济责任；涉嫌犯罪的移送司法机关处理。

3. 在合同档案资料管理中因保管不善造成不利后果或者故意销毁、隐匿合同材料的，学校依据有关规定追究有关人员的行政责任和法律责任。

3. 工程类招标流程图

```
                    项目申报单位通过招标采购平台
                    提出采购申请并上传相关立项材料
                              │
发改委立项批复、建设              ▼
规划、用地许可证、校      招标采购工作领导小组确定招标预
级立项会议纪要、项目      算及方式
造价清单                        │
                              ▼
                    根据立项批复向主管部门申报项目
                              │
                              ▼
                    成立项目招标小组并根据主管部
                    门批复委托采购代理机构
                              │
项目申报                       ▼
学校提供项目技术参数      采购代理机构根据采购法和学
及商务条款               校要求制作招标文件
                              │
                              ▼
                    项目招标小组审核招标文件
                              │
                              ▼
                    在省公共资源交易网发布招标公告  ◄── 公开招标公告时间不少
                              │                        于20个日历日
                              ▼
                    采购代理机构发售招标文件
                              │
                              ▼
项目招标小组成员参加      在省公共资源交易中心政
开、评标活动          ──► 府专家库抽评委
                              │
                              ▼
                            开标
                              │
                              ▼
                            评标
                              │
                              ▼
                    评委会推荐中标候选供应商
                              │
                              ▼
                    学校确定中标候选供应商        中标公告时间不少于7
                              │                 个工作日
                              ▼
                    在省公共资源交易网公布评标结果 ◄──┘
                              │
项目申报部门起草合同,          ▼
法制办审定          ──►  项目申报单位与中标供应商签
                    订合同并履行合同
                              │
                              ▼
                            验收              ◄── 项目申报部门组织验收
                              │
                              ▼
                    项目申报单位负责报账
```

4.工程类政府采购流程图

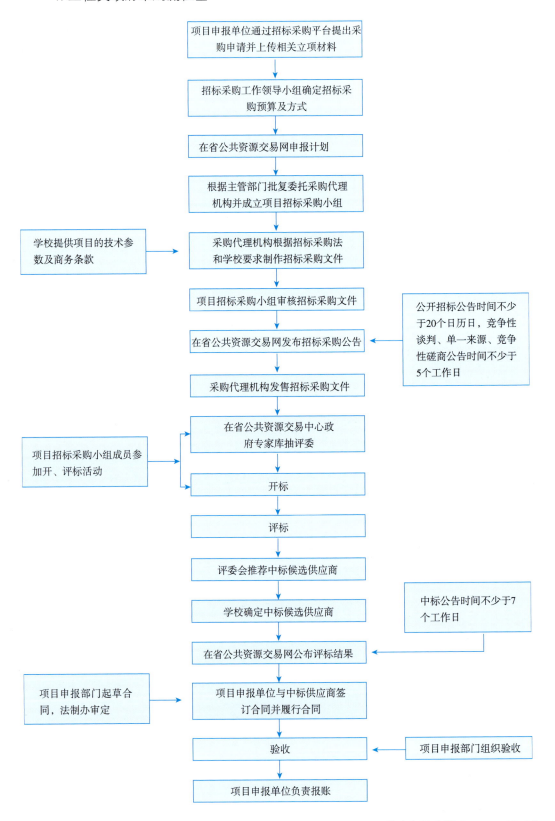

项目申报单位通过招标采购平台提出采购申请并上传相关立项材料

招标采购工作领导小组确定招标采购预算及方式

在省公共资源交易网申报计划

根据主管部门批复委托采购代理机构并成立项目招标采购小组

学校提供项目的技术参数及商务条款 → 采购代理机构根据招标采购法和学校要求制作招标采购文件

项目招标采购小组审核招标采购文件

在省公共资源交易网发布招标采购公告 ← 公开招标公告时间不少于20个日历日，竞争性谈判、单一来源、竞争性磋商公告时间不少于5个工作日

采购代理机构发售招标采购文件

项目招标采购小组成员参加开、评标活动 → 在省公共资源交易中心政府专家库抽评委

开标

评标

评委会推荐中标候选供应商

学校确定中标候选供应商 ← 中标公告时间不少于7个工作日

在省公共资源交易网公布评标结果

项目申报部门起草合同，法制办审定 → 项目申报单位与中标供应商签订合同并履行合同

验收 ← 项目申报部门组织验收

项目申报单位负责报账

法治大学建设（2013—2016）

5. 货物、服务类政府采购流程图

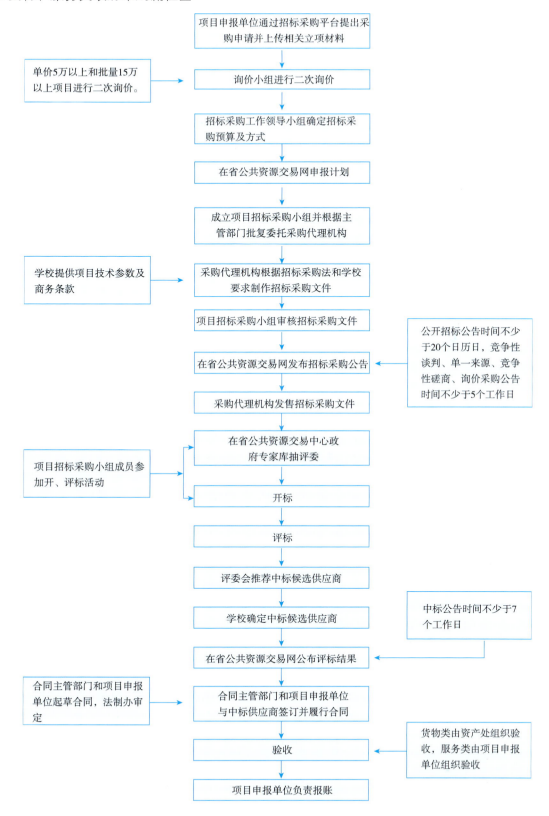

单价5万以上和批量15万以上项目进行二次询价。 → 项目申报单位通过招标采购平台提出采购申请并上传相关立项材料

询价小组进行二次询价

招标采购工作领导小组确定招标采购预算及方式

在省公共资源交易网申报计划

成立项目招标采购小组并根据主管部门批复委托采购代理机构

学校提供项目技术参数及商务条款 → 采购代理机构根据招标采购法和学校要求制作招标采购文件

项目招标采购小组审核招标采购文件

在省公共资源交易网发布招标采购公告 ← 公开招标公告时间不少于20个日历日，竞争性谈判、单一来源、竞争性磋商、询价采购公告时间不少于5个工作日

采购代理机构发售招标采购文件

项目招标采购小组成员参加开、评标活动 → 在省公共资源交易中心政府专家库抽评委

开标

评标

评委会推荐中标候选供应商

学校确定中标候选供应商 ← 中标公告时间不少于7个工作日

在省公共资源交易网公布评标结果

合同主管部门和项目申报单位起草合同，法制办审定 → 合同主管部门和项目申报单位与中标供应商签订并履行合同

验收 ← 货物类由资产处组织验收，服务类由项目申报单位组织验收

项目申报单位负责报账

6. 教师申诉评议工作流程图

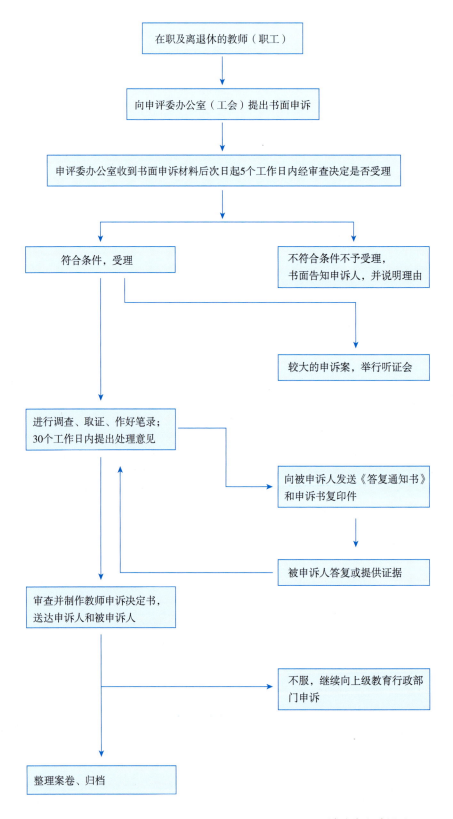

在职及离退休的教师（职工）

↓

向申评委办公室（工会）提出书面申诉

↓

申评委办公室收到书面申诉材料后次日起5个工作日内经审查决定是否受理

符合条件，受理

不符合条件不予受理，书面告知申诉人，并说明理由

较大的申诉案，举行听证会

进行调查、取证、作好笔录；30个工作日内提出处理意见

向被申诉人发送《答复通知书》和申诉书复印件

被申诉人答复或提供证据

审查并制作教师申诉决定书，送达申诉人和被申诉人

不服，继续向上级教育行政部门申诉

整理案卷、归档

7. 辞职、调出办理流程图

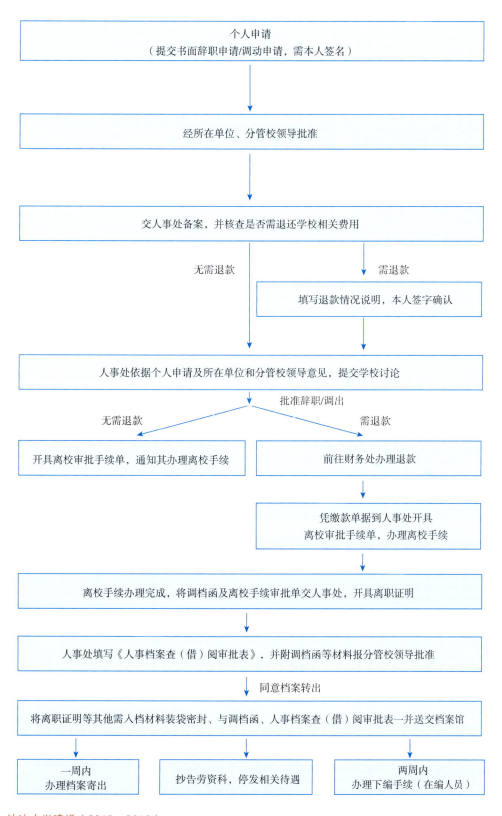

个人申请
（提交书面辞职申请/调动申请，需本人签名）

↓

经所在单位、分管校领导批准

↓

交人事处备案，并核查是否需退还学校相关费用

无需退款 ↓　　　　　需退款 →
填写退款情况说明，本人签字确认

↓

人事处依据个人申请及所在单位和分管校领导意见，提交学校讨论

批准辞职/调出

无需退款 ←　　　　　需退款 →

开具离校审批手续单，通知其办理离校手续　　　　前往财务处办理退款

↓

凭缴款单据到人事处开具
离校审批手续单，办理离校手续

↓

离校手续办理完成，将调档函及离校手续审批单交人事处，开具离职证明

↓

人事处填写《人事档案查（借）阅审批表》，并附调档函等材料报分管校领导批准

同意档案转出 ↓

将离职证明等其他需入档材料装袋密封、与调档函、人事档案查（借）阅审批表一并送交档案馆

↓　　　　　↓　　　　　↓

一周内
办理档案寄出　　　抄告劳资科，停发相关待遇　　　两周内
办理下编手续（在编人员）

8. 职称评审流程图

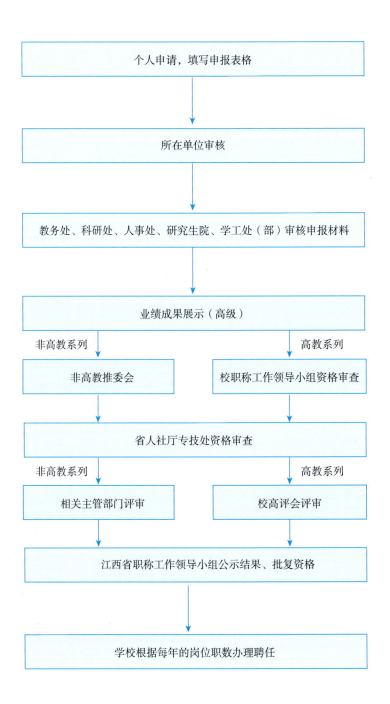

个人申请，填写申报表格

↓

所在单位审核

↓

教务处、科研处、人事处、研究生院、学工处（部）审核申报材料

↓

业绩成果展示（高级）

非高教系列 ↓ 高教系列

非高教推委会 　　　校职称工作领导小组资格审查

↓

省人社厅专技处资格审查

非高教系列 ↓ 高教系列

相关主管部门评审 　　　校高评会评审

↓

江西省职称工作领导小组公示结果、批复资格

↓

学校根据每年的岗位职数办理聘任

9. 学生违纪处分工作流程图

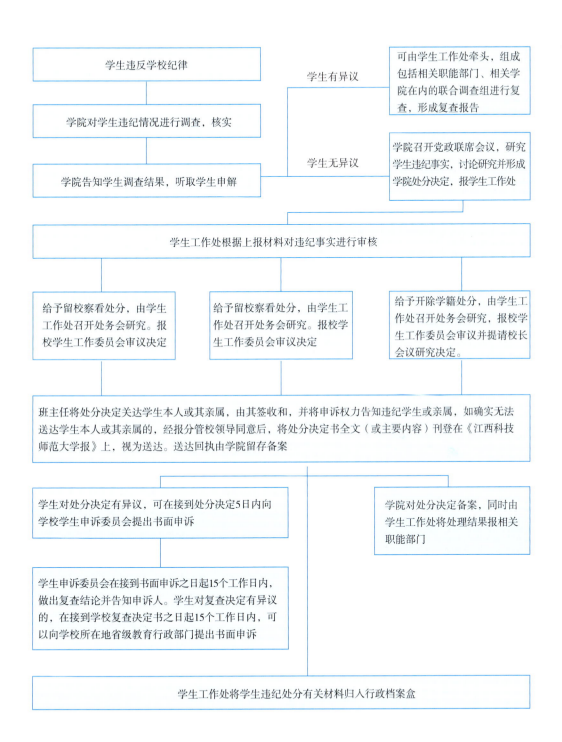

学生违反学校纪律 → 学院对学生违纪情况进行调查，核实 → 学院告知学生调查结果，听取学生申解

学生有异议：可由学生工作处牵头，组成包括相关职能部门、相关学院在内的联合调查组进行复查，形成复查报告

学生无异议：学院召开党政联席会议，研究学生违纪事实，讨论研究并形成学院处分决定，报学生工作处

学生工作处根据上报材料对违纪事实进行审核

给予留校察看处分，由学生工作处召开处务会研究。报校学生工作委员会审议决定

给予留校察看处分，由学生工作处召开处务会研究。报校学生工作委员会审议决定

给予开除学籍处分，由学生工作处召开处务会研究，报校学生工作委员会审议并提请校长会议研究决定。

班主任将处分决定关达学生本人或其亲属，由其签收和，并将申诉权力告知违纪学生或亲属，如确实无法送达学生本人或其亲属的，经报分管校领导同意后，将处分决定书全文（或主要内容）刊登在《江西科技师范大学报》上，视为送达。送达回执由学院留存备案

学生对处分决定有异议，可在接到处分决定5日内向学校学生申诉委员会提出书面申诉

学院对处分决定备案，同时由学生工作处将处理结果报相关职能部门

学生申诉委员会在接到书面申诉之日起15个工作日内，做出复查结论并告知申诉人。学生对复查决定有异议的，在接到学校复查决定书之日起15个工作日内，可以向学校所在地省级教育行政部门提出书面申诉

学生工作处将学生违纪处分有关材料归入行政档案盒

10. 学生申请解除违纪处分工作流程图

符合解除处分条件的学生，在毕业学年度第一学期的5月前，向所在学院提出书面申请

学院学工办对提出解除处分申请的学生进行申报资格的审查，对符合申报资格条件的学生进行民主评议，提出解除学生处分的意见

学院召开党政联席会议讨论，形成审议意见并报学生工作处

学生工作处根据各学院提交的解除处分的开处务会进行审议，将审议意见提请校学生工作委员会审定，由校学生工作委员会做出是否解除处分的决定

学生工作处将原处分文件及解除处分文件一并如实、完整地归入学生本人档案

11. 建设经费、购置经费审批流程图

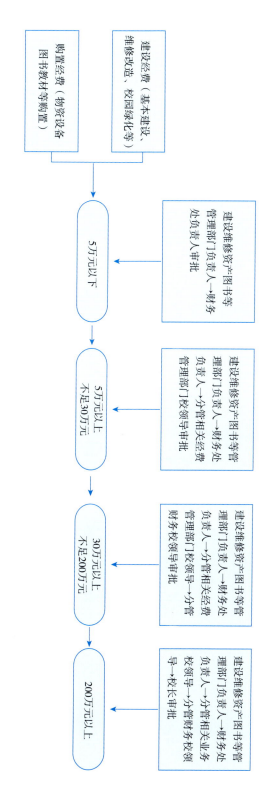

建设经费（基本建设、维修改造，校园绿化等）

购置经费（物资设备、图书教材等购置）

建设维修资产图书等管理部门负责人→财务处负责人审批 → 5万元以下

建设维修资产图书等管理部门负责人→财务处负责人→分管相关经费管理部门校领导审批 → 5万元以上不足30万元

建设维修资产图书等管理部门负责人→财务处负责人→分管相关经费管理部门校领导→分管财务校领导审批 → 30万元以上不足200万元

建设维修资产图书等管理部门负责人→财务处负责人→分管相关业务校领导→分管财务校领导→校长审批 → 200万元以上

12. 公务接待经费审批流程图

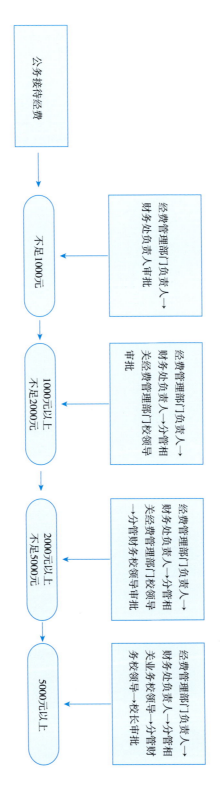

13. 学术委员会议事工作流程图

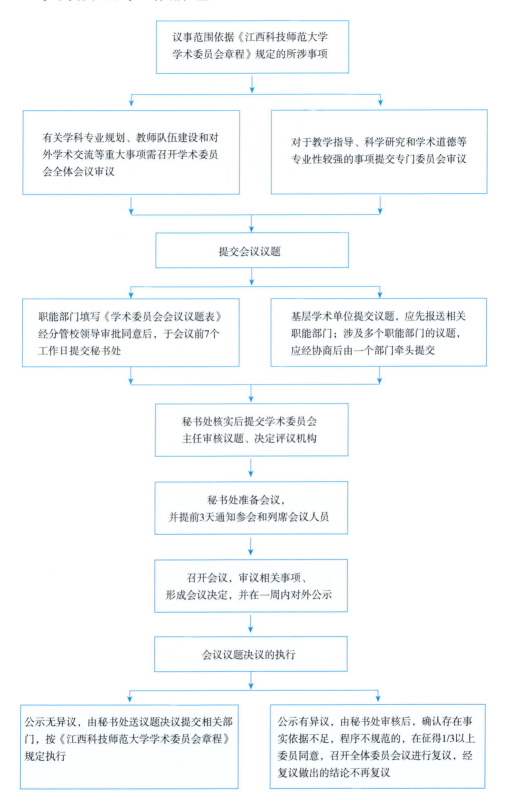

议事范围依据《江西科技师范大学学术委员会章程》规定的所涉事项

有关学科专业规划、教师队伍建设和对外学术交流等重大事项需召开学术委员会全体会议审议

对于教学指导、科学研究和学术道德等专业性较强的事项提交专门委员会审议

提交会议议题

职能部门填写《学术委员会会议议题表》经分管校领导审批同意后，于会议前7个工作日提交秘书处

基层学术单位提交议题，应先报送相关职能部门；涉及多个职能部门的议题，应经协商后由一个部门牵头提交

秘书处核实后提交学术委员会主任审核议题、决定评议机构

秘书处准备会议，并提前3天通知参会和列席会议人员

召开会议，审议相关事项、形成会议决定，并在一周内对外公示

会议议题决议的执行

公示无异议，由秘书处送议题决议提交相关部门，按《江西科技师范大学学术委员会章程》规定执行

公示有异议，由秘书处审核后，确认存在事实依据不足，程序不规范的，在征得1/3以上委员同意，召开全体委员会议进行复议，经复议做出的结论不再复议

14. 科研项目经费预算审批及上账流程图

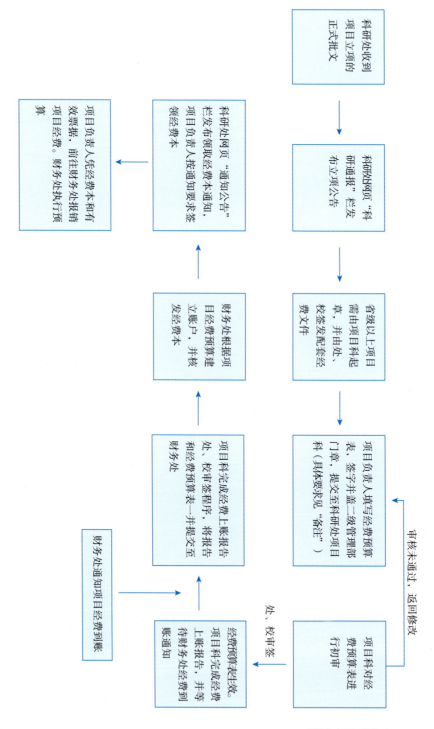

科研处收到项目立项的正式批文

↓

科研处网页"科研通报"栏发布立项公告

↓

省级以上项目需由项目科起草，并由处、校签发配套经费文件

↓

项目负责人填写经费预算表，签字并盖二级管理部门章，提交至科研处项目科（具体要求见"备注"）

↓

项目科对经费预算表进行初审

（审核未通过，返回修改）

↓

经费预算表生效。项目科完成经费上账报告，并等待财务处经费到账通知

→

项目科完成经费上账报告处、校审签存，将报告和经费预算表一并提交至财务处

→

财务处通知项目经费到账

→

财务处根据项目经费预算建立账户，并核发经费本

↑

科研处网页"通知公告"栏发布领取经费本通知，项目负责人按通知要求签领经费本

↑

项目负责人凭经费本和有效票据，前往财务处报销项目经费。财务处执行预算

15. 学术不端行为查处流程图

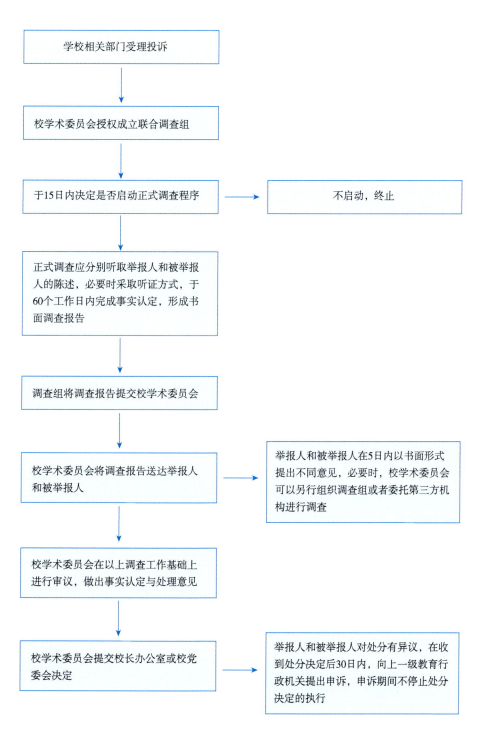

16. 校园火警处理流程图

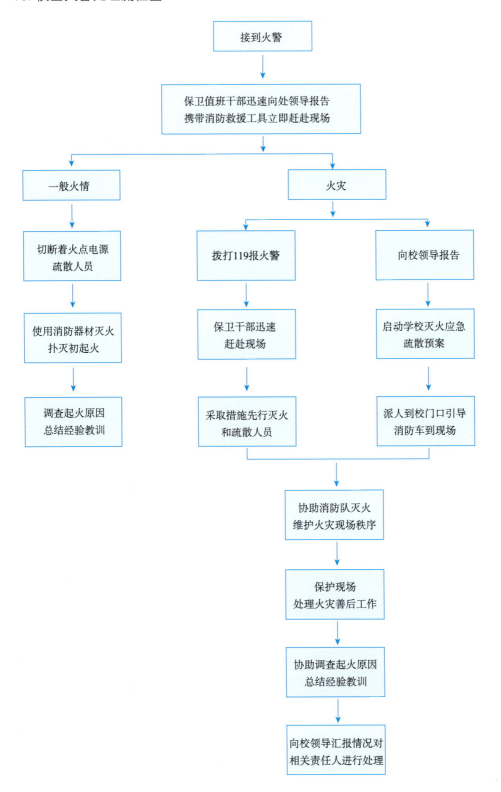

接到火警

保卫值班干部迅速向处领导报告
携带消防救援工具立即赶赴现场

一般火情

火灾

切断着火点电源
疏散人员

拨打119报火警

向校领导报告

使用消防器材灭火
扑灭初起火

保卫干部迅速
赶赴现场

启动学校灭火应急
疏散预案

调查起火原因
总结经验教训

采取措施先行灭火
和疏散人员

派人到校门口引导
消防车到现场

协助消防队灭火
维护火灾现场秩序

保护现场
处理火灾善后工作

协助调查起火原因
总结经验教训

向校领导汇报情况对
相关责任人进行处理

17. 校园"110"指挥中心接警、处警工作流程图

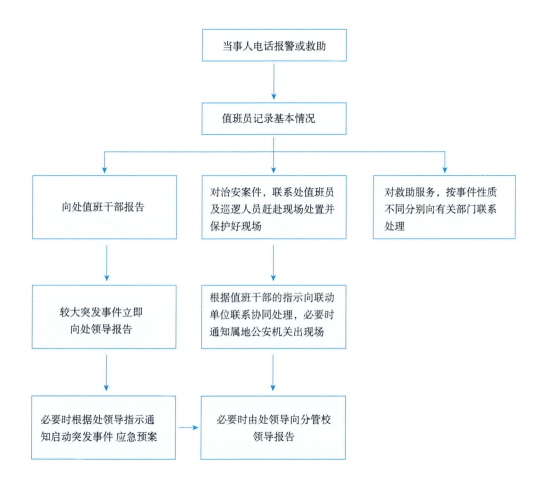

当事人电话报警或救助

↓

值班员记录基本情况

向处值班干部报告 | 对治安案件，联系处值班员及巡逻人员赶赴现场处置并保护好现场 | 对救助服务，按事件性质不同分别向有关部门联系处理

较大突发事件立即向处领导报告 | 根据值班干部的指示向联动单位联系协同处理，必要时通知属地公安机关出现场

必要时根据处领导指示通知启动突发事件应急预案 → 必要时由处领导向分管校领导报告